CÍRCULO DE POEMAS *Luna Parque* *Fósforo*

Goya
A linha de sutura

Vilma Arêas

Sobre Goya muitos disseram muitas coisas, durante muito tempo. Continuar falando dele é como falar do mar, disse um de seus biógrafos. Achava que palavras não dão conta de medidas excessivas, e que a natureza, depois de inventá-lo, quebrou o modelo. Mas afinal, uma pergunta direta, objetivo deste texto: em que repousa a contemporaneidade do pintor?

Para começar temos que contornar dificuldades, ampliar referências. O tempo em que ele viveu é definido por uma Europa tumultuada nos séculos XVIII e XIX, tempo das guerras napoleônicas e da longa luta da independência espanhola. Napoleão esperava ser recebido com flores, mas a Resistência dos rebeldes espanhóis compreendia a disseminação das Luzes da Revolução Francesa como outro nome para a dominação política. Sabemos que isso não é novidade e sempre esteve na crista da onda até hoje. O próprio Robespierre assim o entendeu, junto a muitos intelectuais da época. Em consequência, foram travados combates desiguais e violentos, imortalizados por Goya na tela do fuzilamento de 3 de maio de 1808, em Madri. Pouco depois, em 1814, ouvimos os gritos desvairados com a volta ao poder do retrógrado Fernando VII: "Vivam os grilhões! Viva a opressão" — a que se juntou o Reitor Universitário, cujas palavras ficaram nos anais, rimando com o Brasil de hoje: "Longe de nós a funesta mania de pensar".

O tempo passou e há poucos anos Tzvetan Todorov resumiu as condições da Espanha do século XIX, que possibilitaram inovações futuras. Lá surgiu o primeiro exército moderno, o napoleônico, que enfrentou a primeira resistência armada organizada, a guerrilha. E concluiu que não era de espantar que, no mesmo momento, aparecesse por lá o primeiro grande pintor da modernidade.

Dessa situação tumultuada, Goya nos deixou testemunhos fortíssimos e comoventes em suas gravuras, sobretudo em *Los Desastres de la Guerra*. Razão tem Baudelaire quando compreende o pintor como um grande artista, "frequentemente assustador", havendo criado "o monstruoso verossímil", os contrastes violentos que anunciavam a modernidade, por onde transitavam fisionomias humanas delirantes e perturbadoramente animalizadas pelas circunstâncias.

Tais evidências não afastam perguntas: afinal quem foi realmente Francisco de Goya? Um gênio coerente ou, como todos nós, contraditório? Um humanista revolucionário na arte, ou um acomodado à benevolência interesseira do trono? Ou ambas as posições? Serão as lendas a seu redor mera fantasia, ou se aproximarão da verdade? Talvez possamos afirmar que Goya foi um homem bifronte, mas só na medida em que cabe na própria história e na lenda. Proeza para poucos. A única certeza é que o aragonês pertence à melhor tradição da pintura espanhola, que inclui El Greco e Diego Velázquez, passando longe da elevação neoclássica de seu contemporâneo Louis David.

A esse respeito Baudelaire afirma que Goya abriu ao cômico novos horizontes, introduzindo nele o fantástico, "raríssimo elemento" que banha quase todos os seus temas. Mais do que isso, ele ousou acrescentar às obras duradouras aquelas que dependem dos acontecimentos, isto é, as obras fugazes. No entanto, a excepcionalidade do pintor não exige que o espectador conheça os fatos históricos aludidos, pois nada impede que surja nele a emoção, "pela maneira original da plenitude, além da segurança dos recursos artísticos do pintor".

Não deixa de ser surpreendente que, apesar da imensa bibliografia sobre Goya, não conheçamos verdadeiramente sua vida, à exceção de algumas datas e da enumeração dos cargos oficiais que exerceu. Por exemplo, sabemos que nasceu em Fuente de Todos (Aragón), em 1746, de família camponesa, e que passou a meninice em Zaragoza. Morreu em 1828 em Bordeaux.

Mas nada sabemos de sua infância, do momento em que começou a desenhar, que experiências viveu na Itália, à exceção de que viajou às próprias custas e que passou dificuldades. Não somos nem mesmo informados dos diagnósticos de suas doenças, principalmente em 1819, ano em que se refugiou na Quinta del Sordo, pintando a óleo sobre as paredes suas extraordinárias *Las Pinturas Negras*. Mais tarde foram transpostas em telas e levadas ao Museu do Prado. Escapou da morte, mas ficou completamente surdo. Por isso não é rara sua aproximação a Beethoven, pela resistência de ambos à adversidade, e por apontarem o futuro para além das formas artísticas da época.

Igualmente ignoramos que sentimentos o ligaram realmente a Josefa Bayeu, com quem se casou e de quem traçou apenas um retrato a lápis preto. Em uma carta ao grande amigo Martín Zapater em 9 de agosto de 1780, Goya comentou uma frase de Josefa, que deve tê-lo impressionado: "A casa é a sepultura da mulher". Pode ser uma alusão amarga a seus partos numerosos e infelizes, com exceção de Javier, único filho sobrevivente e paixão do pai, como o será mais tarde o neto Mariano.

Quanto à ousada, rica e bela duquesa de Alba, a hipótese de uma relação íntima entre os dois é hoje posta em dúvida, apesar das pistas e dos muitos retratos reveladores pintados por Goya, incluindo-se *De la mentira y de la Inconstancia*, imagem excluída de *Los Caprichos*. Talvez porque ambos sejam reconhecíveis na tela? Mas é voz corrente que os contemporâneos identificavam a maioria dos personagens das gravuras. A exclusão seria então pelo julgamento moral em relação à mulher, pintada com duas caras?

Em outra carta a Zapater, em agosto de 1794, Goya comentou o início da relação entre os dois, o excitante convite da duquesa ao invadir seu ateliê oferecendo-lhe o rosto e ordenando-lhe que pintasse seu retrato, isto é, que a maquiasse. Goya obedeceu, pintou-lhe o rosto e confessou que ela saíra dali conforme fora pintada. "Claro que isto me agrada mais do que pintar sobre tela", foi seu comentário final.

Mas nada escapa a investigações. A mais curiosa delas afirma que as misteriosas *Maja desnuda* e *Maja vestida*, pelas quais Goya parece ter sido importunado pela Inquisição, tenham sido inspiradas, não pela duquesa, e sim pela amante de Manuel Godoy, político espanhol no reinado de Carlos IV e favorito da rainha. É bom lembrar que episódios galantes de pessoas famosas não faltam em tempo algum, mas não têm qualquer importância para a arte. No caso em pauta, o que devemos observar, ao procurarmos entender o escândalo que a *Maja desnuda* causou, é que na tela de Goya não há nenhum pretexto para a nudez feminina, como até então acontecia. A mulher não está de costas, nem de lado, não está adormecida, ou distraída, nem desconfiada de que andasse algum voyeur por ali.

Anna Reuter observa que a mulher nua está acordada, para cravar seu olhar diretamente no espectador, convertendo assim o encontro num acontecimento erótico, sem disfarces. O tamanho desse escândalo pode ser medido pelo Monumento a Goya em Madri em frente à Porta do mesmo nome do Museu do Prado, quando vemos a Maja Desnuda esculpida aos pés do pintor, mas... de olhos baixos.

Ao que tudo indica, os quadros das duas Majas estavam confinados no gabinete secreto de Godoy e dispostos de maneira que a *Maja vestida* servisse de "tapadera" ou cobertura para a outra. Assim, o visitante deveria "despi-la" para vê-la nua, reencenando imaginariamente um encontro sensual e lúdico. Se o enredo da história é verdadeiro ou não, o que interessa é que Goya inaugurou com a tela uma nova concepção extremamente desafiadora do nu feminino. Podemos também conjecturar que o desafio é um tanto irônico, ao mostrar de maneira didática, como as regras de um jogo, o que pode significar o nu e o vestido.

Ao mesmo tempo, desfaz-se a concepção de beleza da mulher despida como valor estético em si, pois a duplicidade da modelo, vestida e nua, abala uma suposta seriedade, obrigando a levar em consideração outros fatores para a interpretação. O que não significa dizer pouco.

São de T. J. Clark as observações sobre o imenso constrangimento — também de classe — causado pela jovem modelo posando como prostituta na *Olympia*, de Manet, talvez a segunda mulher nua, desta vez melancólica, porque no interior de uma ordem de bens e serviços, e olhando o espectador nos olhos.

Retomando o plano documental, não se pode ignorar o famoso relatório de 1792 à Academia de San Fernando, em resposta a uma pesquisa quanto ao método de ensino das artes visuais. Entre outras afirmações, Goya defende a necessidade da liberdade pedagógica e do conhecimento do mundo, segundo ele mais importante do que modelos antigos. Era preciso esquecer as regras e imitar a natureza, em que a cor não existia, tampouco a linha; só havia sol e sombras. Esta última afirmação, do pintor Antonio Brugada sobre suas conversas com Goya em Bordeaux, foi registrada pelo primeiro biógrafo de Goya, Laurent Matheron, e lida por Charles Yriarte, que observou que Goya pintava o que via, não o que existia, isto é, pintava as transformações trazidas ao mundo objetivo pela percepção subjetiva. Verdadeira revolução copernicianа da pintura.

Na época de Goya um pintor só encontrava trabalho na Igreja ou no Trono. Embora ele já tivesse realizado obras dignas de atenção, como a pintura do coreto de Pilar, em Zaragoza, e a decoração da Igreja Cartuja de Aula-Dei, Goya precisava batalhar pela vida. O clã Bayeu lhe abriu as portas em 1776, como pintor nas Manufaturas Reais de Santa Bárbara, uma fábrica de tapetes dirigida por Antonio Rafael Mengs, Primeiro Pintor da Câmara e amigo do pintor Francisco Bayeu, cunhado de Goya. Sua tarefa era pintar telas, isto é, cartões de pequenas dimensões que serviriam de modelo para grandes trabalhos de tapeçaria, inclusive para os palácios reais.

Historicamente tais cartões foram considerados de pouco valor, mas vêm sendo recuperados ultimamente, pois neles podemos ver o amadurecimento artístico de Goya; também formaram ciclos, de 1775 a 1792, interrompidos duas vezes, uma delas pela doença de Goya, que lhe causou a surdez. Apesar disso, num certo momento Goya começou a se desinteressar dos cartões, certamente pelo controle exercido sobre seu trabalho, e também porque os tecelões às vezes não entendiam suas escolhas cromáticas. O céu goyesco, por exemplo, passava ao largo das técnicas dos tecelões.

Assim, nos anos 1780, à medida que amadurecia esteticamente, Goya passou a contornar a imposição temática de gênero — sempre festas, cenas de caça, algumas preciosas como *El quitasol* (a sombrinha) — dando lugar à vida das pessoas simples, longe do idílio ou da alegoria. Basta observarmos *El albañil herido* (*O pedreiro ferido*, que, antes, num esboço, chamava-se *El albañil borracho*, *O pedreiro bêbado*), *Los pobres em la Fuente*, *El invierno*, entre outros, que marcam a mudança dos temas.

Do mesmo modo, apesar dos retratos que pintava — foi antes de tudo um retratista notável —, às vezes mostrava na expressão dos rostos de seus modelos (e patrões) a mediocridade e a vaidade presunçosa, caso único na pintura, o que sugere que o pintor não era subserviente. Às vezes também, como no retrato extraordinário de D. Maria Teresa de Borbón y Vallabriga, que "foi pintada com pinceladas livres e verossimilhança absoluta", como diz um catálogo, a modelo parece deslocada, olhando para outro lado, quem sabe preocupada ou inquieta. De qualquer maneira uma pose inusitada.

Talvez já possamos ver nesses momentos inesperados o impulso de sua vocação para o registro independente, que desabrocharia nas obras de madureza, isto é, além das Pinturas Negras, o conjunto das quatro séries, consideradas o início da história da gravura moderna: *Los Caprichos*, *Los Desastres de la Guerra*, *Tauromaquia* e *Los Disparates*. Na época, entretanto, não foram assim reconhecidas. Por *Los Caprichos*, Goya foi perseguido pela Inquisição e obrigado a doar os quadros, *Los Desastres* nunca foram publicados na época, *Tauromaquia* foi um desastre de venda e *Los Disparates* nunca foram terminados.

A novidade desses trabalhos é que, na época, a gravação era feita com o uso de um buril. Goya usou aquatinta, um dos primeiros a usá-la, pois tornava possível criar tons e meios-tons, indo do branco ao negro, incluindo os cinzas. Além disso, podia corrigir e alterar os trabalhos. Mas certamente a grande importância dessas séries é que elas não foram encomendadas, portanto o pintor estava completamente livre para criar.

A palavra "capricho" tem o sentido de "ideia nova e estranha em uma obra de arte". Portanto ele sabia o que estava fazendo, e *Los Caprichos* foram anunciados no "Diario de Madri" de 6 de fevereiro de 1797. A sátira aos costumes da época causou escândalo, pois, das oitenta gravuras, mais da metade foi imediatamente retirada do mercado. Ao tumulto seguiram-se ameaças. Para proteger o próprio trabalho, Goya "presenteou" o rei com as matrizes, além das 260 gravuras já impressas, e tratou de se proteger.

O *Capricho* nº 43 é sem dúvida o mais conhecido das séries, por iluminar o desejo confessado pelo pintor de buscar a verdade e retomar o que já afirmara no relatório de 1792. A princípio a gravura fora pensada para introduzir a série, depois foi deslocada e substituída pelo autorretrato do pintor.

Vejamos do que se trata: um homem adormecido está sentado a uma mesa, a cabeça entre os braços, rodeado por animais noturnos, corujas e morcegos. Serão esses os monstros do sonho? Será o sonho intencionalmente visível? Lembramos que o próprio Goya desenhou a si próprio como morcego em *Los Disparates* nº 15. Em segundo lugar, na gravura final (existem dois esboços anteriores) uma das corujas tenta passar algo como um pincel ou um lápis ao personagem adormecido. Para acordá-lo? Para inspirá-lo? Não seria impossível a hipótese. Entretanto, no infindável simbolismo sempre contraditório desses animais noturnos, é difícil alimentar certezas (o morcego pode também incorporar a melancolia, a coruja, a sabedoria etc.).

Além disso, tudo leva a crer que o homem adormecido seja relacionado ao próprio autor, pois num esboço anterior da gravura, em tinta sépia, que está no Museu do Prado, a palavra "Sueño" vem escrita num quadro, e abaixo, "*El autor soñando*". Não nos esqueçamos que Quevedo, no século XVII, a quem Goya é aproximado na virulência das críticas, havia intitulado de *Sueños* seus ensaios satíricos, certamente para driblar a censura.

Continuando, a legenda explica que "seu único intento é desterrar vulgaridades prejudiciais e perpetuar, com esta obra de caprichos, o testemunho sólido da verdade". A legenda final, como sabemos, diz: *El sueño de la razón produce monstruos*. Por fim, o comentário último do pintor: "A fantasia abandonada pela razão produz monstros impossíveis; unida a ela, é mãe das artes e origem de suas maravilhas". Em outras palavras: a fantasia deve ser acompanhada pela razão, sem a qual produzirá aberrações. Mas juntas, produzirão a arte e suas maravilhas.

É esclarecedor examinar as variantes da gravura, para percebermos como a última já está "limpa" das indecisões e detalhes supérfluos das anteriores. Na primeira variante rostos esboçados (talvez autorretratos) desaparecem, uma mancha negra vira um morcego no segundo esboço; como é grande demais, roubando a cena, é substituído no esboço final por uma revoada de morcegos menores num céu gris, aos poucos se confundindo com as corujas claras, à medida que se aproximam do homem adormecido; este está iluminado e inclinado para a esquerda, estabelecendo a linha oblíqua da composição, equilibrada entre luz e sombras, conforme encontramos em outras gravuras (cf. a gravura nº 34, *Las rinde el sueño,* "o sono as venceu", com a seguinte legenda: "Não se deve acordá-las; talvez seja o sono a única felicidade dos infelizes").

Além disso, um lince na direita baixa, de olhos abertos e vigilantes, pois supostamente conseguem enxergar mesmo em plena escuridão, tem as patas dianteiras cruzadas à semelhança dos braços do sonhador. Será que, à semelhança da coruja que lhe passa o pincel, o lince poderá simbolizar o necessário enlace com a razão? (Cf. a gravura nº 60, em que o mesmo lince pode ser visto numa cena de bruxaria.)

Ver a verdade, ou o convite para vê-la, significa o projeto estético de Goya, o requisito ético ligado à imaginação. O próprio autorretrato que introduz *Los Caprichos* traz a seguinte legenda: *Verdadero retrato suyo,* seu verdadeiro retrato.

Um dos biógrafos de Goya, Juan de la Encina, aproxima *Los Caprichos* das novelas picarescas, com algo de Cervantes, mas principalmente de Quevedo, pela brutalidade do impulso satírico. Uma novela picaresca em quadrinhos? Eis uma interpretação ousada à altura de Goya, levando-se em conta as legendas das gravuras, outra invenção do pintor, para guiar sua interpretação e intenções. Mas sabe-se que nem todas as legendas são dele. De qualquer modo encontramos em *Los Caprichos* e também em outras séries, muito dos elementos movimentados pela novela picaresca, como a sátira ao poder laico e religioso, aproximando-se da caricatura, ao se concentrar em suas consequências sociais.

Assim, se passarmos em revista as gravuras das séries, veremos as denúncias à Inquisição, que alimentava bruxarias e superstições, pela própria impossibilidade de defesa dos ameaçados (a caça aos dentes dos enforcados como modo de proteção, por exemplo, a gravura nº 12), além do sadismo das torturas aos supostos hereges, minuciosamente descritas, ao lado da crítica violenta, caricata e terrificante a laicos e religiosos, militantes dessas tarefas. Eles são preguiçosos, comilões, beberrões, lúbricos, mentirosos, animalizados, devoradores de crianças vivas ou abortadas — aliás castigadas de várias maneiras, das ameaças do Bicho-Papão às surras (gravura 25), além de supliciadas por homens e mulheres. As gravuras 23 e 24 já exibem os condenados publicamente, o vergonhoso capuz sobre as cabeças, na sessão de julgamentos e na rua, por certo rumo à fogueira.

A essa linha acrescentamos a crítica à estrutura familiar, aos casamentos por interesse, à crueldade com as crianças, à tradição das celestinas, ou alcoviteiras, que desde sempre ocuparam, principalmente no teatro, um grande lugar, arrastando jovens à prostituição para servi-las a laicos e religiosos. O recurso é tradicional, e não só nas artes; e lembramos aqui Gil Vicente (c. 1465-1537), conhecedor do teatro espanhol, no esclarecedor diálogo da Alcoviteira Brízida Vaz com o Diabo e com o Anjo, no *Auto da Barca do Inferno*: "Eu sou Brízida, a preciosa/ Que dava as moças aos molhos/ A que criava as meninas/ Para os cônegos da Sé".

Los Desastres de la guerra, com 82 imagens gravadas, saem diretamente de *Los fusilamientos del 3 de maio*. É voz corrente que Goya andou noites seguidas pelas ruas de Zaragoza e Madri, observando as atrocidades da guerra, vendo e testemunhando. Mais uma suposição? De qualquer modo, introduzidas por legendas lacônicas e amargas ("Bárbaros! Bárbaros!", "Enterrar y callar", "Para eso habeis nacidos" etc.), descrevem o terrível massacre da guerra. O que vemos é crueldade, fanatismo, terror, injustiça, estupros, fome e miséria, além de mortes. De uma maneira ou de outra, todos estavam envolvidos pela guerra.

Depois deste esboço, tenho que voltar ao ponto de partida, isto é, a contemporaneidade de Goya. Entre nós, por exemplo, no último mês de julho e em agosto deste ano de 2021, tivemos três exemplos da presença de Goya: no dia 16 de julho lemos o anúncio na *Folha de S. Paulo* de uma performance de Nuno Ramos, inspirada em *Los Desastres de la Guerra*; seis dias depois, dia 22, uma charge de Benett, no mesmo jornal, ilustra a frase "O Centrão devorando seu Presidente" com *Saturno Devorando el Hijo*, originalmente pintura mural na Quinta del Sordo; e hoje, dia 31 de agosto, em Tendências/Debates (*Folha de S.Paulo*), Goya retorna no texto de André Sampaio, discutindo nosso Estado de direito:

> A razão, como na perspicaz tela de Goya, parece estar em um sono prolongado em nosso país e dando margem a metáforas das fantasmagorias: entre elas, fissuras no arcabouço da democracia e obscurantismos.

Nuno Ramos confirma seu espírito de luta com esse novo espetáculo, que é o terceiro episódio do projeto *A extinção é para sempre*. No trabalho de agora, coletivo e de feição operística, atores, bailarinos e músicos congelam no palco gravuras de Goya como referência a nossos abusos. Às vezes o autor entra na tela e incorpora legendas do pintor no próprio texto:

> Há uma figura sentada numa cadeira. Segue as linhas de um livro com o dedo indicador. Olha para a frente. Pausa. Essa figura sou eu. [...] Estou dentro de uma imagem. Pausa. [...] Madre infeliz. Las camas de la muerte. Esto es malo.

A conclusão é que Goya está vivo, não apenas como outras obras extraordinárias que são estudadas por especialistas e estudantes, mas como algo palpável que podemos vestir e ir para o teatro, para a rua; obra que, sendo também extraordinária, apaixona do mesmo modo especialistas e estudantes, conseguindo ao mesmo tempo descer à nossa vida comum, às vezes a situações próximas às desenhadas por ele.

A única explicação da contemporaneidade será dada pelo sentido que a obra tem na vida do pintor e pela integridade demonstrada enquanto artista. Não que não quisesse vender seu trabalho, e vendia, nisso também era moderno. Por outro lado, basta pensar em *Las Pinturas Negras*. Durante anos trabalhou nelas. Mas quem as veria? Quem as poderia ver? Segundo Faiga Ostrower, ele as pintou para si, "num diálogo íntimo e amargo", jamais pensando que poderiam virar "obras de museu".

Portanto pintou também por paixão, em seu sentido etimológico de "padecimento" e de estar "passivo". A quê? À própria arte, que lhe dava coragem de viver, para "continuar aprendendo", como escreveu num autorretrato de cabeleira branca, apoiando-se em duas bengalas. Em suma, era obrigado a pintar para não morrer. E essa atitude radical até hoje tem a força de mobilizar quem é tocado por ela.

É em sua fase na Quinta del Sordo que ele pinta o extraordinário *El Perro*, naquele cenário vazio, onde o animal desamparado parece prestes a afundar e desaparecer. E embora impossível, porque eternizado na tela, é quase certo que o cão desaparecerá como nós, do mundo. Goya não fala de heróis, batalhas ou vitórias. Não deseja nos emocionar. Quer nos fazer pensar. Desconfortavelmente. Acreditamos nele por isso.

Quando melhorou da doença, Goya fugiu para Bordeaux. Um velho amigo e poeta Nícolas Fernandez de Moratín, também exilado na mesma cidade, escreveu numa carta: "[...] enfim Goya chegou, fraco, surdo como uma porta, sem falar uma palavra de francês. Mas está feliz como uma cotovia e ansioso para ver o mundo".

O mundo era Paris, a visita ao Louvre para admirar as obras. Sabe-se de suas andanças pela cidade, porque a polícia francesa fora alertada pela polícia espanhola e seguia suas andanças por toda parte, para a felicidade dos pesquisadores futuros.

Um outro ponto que deve ser lembrado é que Goya fazia e refazia a própria obra, como vimos com os esboços. O ponto decisivo foi algo inédito, a divisão da obra em pública, ligada ao cânone da realeza e da sociedade, e em obra privada, em que desenvolveu um trabalho totalmente despreocupado da opinião externa. O fato é que o Poder não se enganou. Goya morreu em 1828 em Bordeaux, mas só em 1899 a Espanha consentiu em receber seus restos mortais. Porque ele apenas queria/quer o que chamava de verdade, isto é, a linha de sutura entre o real e as possibilidades abstratas da arte.

Alguns livros e ensaios citados

BAUDELAIRE, Charles. *Critique d'art suivi de critique musicale.* Paris: Gallimard, 1992.

CLARK, T. J. *A pintura da vida moderna.* Trad. de José Geraldo Couto, coordenação de Sergio Miceli. São Paulo: Companhia das Letras, 1984.

ENCINA, Juan de la. *Goya em zig-zag.* Madri: Espasa-Calpe, 1966.

GOMBRICH, E. H. *The story of art.* Nova York: Phaidon, edição de bolso, 2006.

GOYA, Francisco. *Cartas a Martin Zapater.* Madri: Turner, 1982.

NORDSTRÖM, Folke. *Goya, Saturno y melancolia.* Trad. de Carmen Santos. Madri: Visor, 1989.

OSTROWER, Fayga. *Goya — artista revolucionário e humanista.* São Paulo: Imaginário, 1997.

PARRONDO, Juan Carrete. "Still Surprising". In: *Goya characters and faces.* Barcelona: Fundació Caixa Catalunya/Real Academia de Bellas Artes de San Fernando, 2000.

REUTER, Anna. "Intimidades". In: *Goya — la imagen de la mujer.* Madri: Museo Nacional del Prado/Washington, National Gallery of Art, 2002.

TODOROV, Tzvetan. *Goya à sombra das luzes.* Trad. de Joana Angélica d'Ávila Melo. São Paulo: Companhia das Letras, 2014.

VICENTE, Gil. "Auto da barca do inferno". In: *Obras de Gil Vicente.* Porto: Lello, 1965.

Nota da autora: também fazem parte da bibliografia amigos que emprestaram livros, enviaram vídeos, deram sugestões e suporte: Rodrigo Naves, Pedro Alvim, Michel Riaudel, Nuno Ramos e Ana Cecília Água de Melo.

Fran.co Goya y Lucientes,
Pintor

EQUIPE DE PRODUÇÃO
Ana Luiza Greco, Fernanda Diamant, Julia Monteiro, Leonardo Gandolfi, Mariana Correia Santos, Marília Garcia, Rita Mattar, Zilmara Pimentel

REVISÃO Geuid Dib Jardim

IMAGEM DA CAPA
Capricho nº 43: O sono da razão produz monstros (1799)
Francisco de Goya y Lucientes
Água-forte e água-tinta
30,6 x 20,1 cm
The Miriam and Ira D. Wallach Division of Art
Prints and Photographs: Print Collection
The New York Public Library Digital Collections
Nova York
Estados Unidos

IMAGEM DA PÁGINA 21
Capricho nº 1: Autorretrato
Francisco de Goya y Lucientes
Presente da sra. Francis Ormond, 1950
Coleção do Metropolitan Museum of Art
Nova York
Estados Unidos

PROJETO GRÁFICO Alles Blau

EDITORAÇÃO ELETRÔNICA Página Viva

FSC
www.fsc.org
MISTO
Papel produzido a partir de fontes responsáveis
FSC® C011095

A marca FSC® é a garantia de que a madeira utilizada na fabricação do papel deste livro provém de florestas gerenciadas de maneira ambientalmente correta, socialmente justa e economicamente viável e de outras fontes de origem controlada.

ipsis

Dados Internacionais de Catalogação na Publicação (CIP)
(Câmara Brasileira do Livro, SP, Brasil)

Arêas, Vilma
Goya : a linha de sutura / Vilma Arêas. — São Paulo :
Círculo de poemas, 2022.

Bibliografia.
ISBN: 978-65-84574-20-5

1. Arte 2. Goya, Francisco, 1746-1828 — Crítica e
interpretação 3. Pintores — Espanha I. Título.

22-106593 CDD — 709.46

Índice para catálogo sistemático:
1. Goya : Crítica e interpretação 709.46

Cibele Maria Dias — Bibliotecária — CRB-8/9427

CÍRCULO *Luna Parque*
DE POEMAS *Fósforo*

circulodepoemas.com.br
lunaparque.com.br
fosforoeditora.com.br

Editora Fósforo
Rua 24 de Maio, 270/276, 10º andar
01041-001 — São Paulo/SP — Brasil

CÍRCULO DE POEMAS *Luna Parque Fósforo*

Este livro foi composto em GT Alpina e
GT Flexa e impresso pela gráfica Ipsis
em maio de 2022. Chegou, enfim, a Paris,
está fraco, surdo como uma porta,
mas feliz como uma cotovia e ansioso
para ver o mundo.